오늘의문학 시인선 398

심장근 시집

오늘의문학사

국립중앙도서관 출판시도서목록(CIP)

인연 : 심장근 시집 / 지은이: 심장근. -- 대전 : 오늘의문학사, 2017
p. ; cm. -- (오늘의문학 시인선 ; 398)

충청남도와 충남문화재단에서 지원금을 지원받아 발간됨
ISBN 978-89-5669-848-9 03810 : ₩12000

한국 현대시[韓國現代詩]

811.7-KDC6
895.715-DDC23 CIP2017023492

인연

목차

1부 사연

2부 표시

3부 꽃길

4부 빛, 인연

1부

사연

나를 위해서도

오늘도 햇빛 속에는 화분 하나 늘었다
날마다 바쁘다는 그는 언제 다녀갔을까?

내가 좋아하는 꽃이 무엇인지 여전히 기억하는
…그는 나를 위해서도 바쁘구나!

사진©심장근_변씨마을

상생

담쟁이덩굴을 심고 그 벽 어딘가에 문을 하나 만들었다 어디로 갈지 모르는 듯했던 담쟁이덩굴은 신이 났다 그도 갈 데가 생긴 거다

사진©심장근_변씨마을

따뜻하지

내 사랑 여전히 여기 있네
바지 주머니에 두 손 나누어 넣고
이따금 발끝으로 땅에 그림도 그리면서
나란히 서 있던 그 때 그 자리 다시 짚어 보는 거지
등을 기댄 담장은 여전히 따뜻하지?

사진©심장근_외암마을

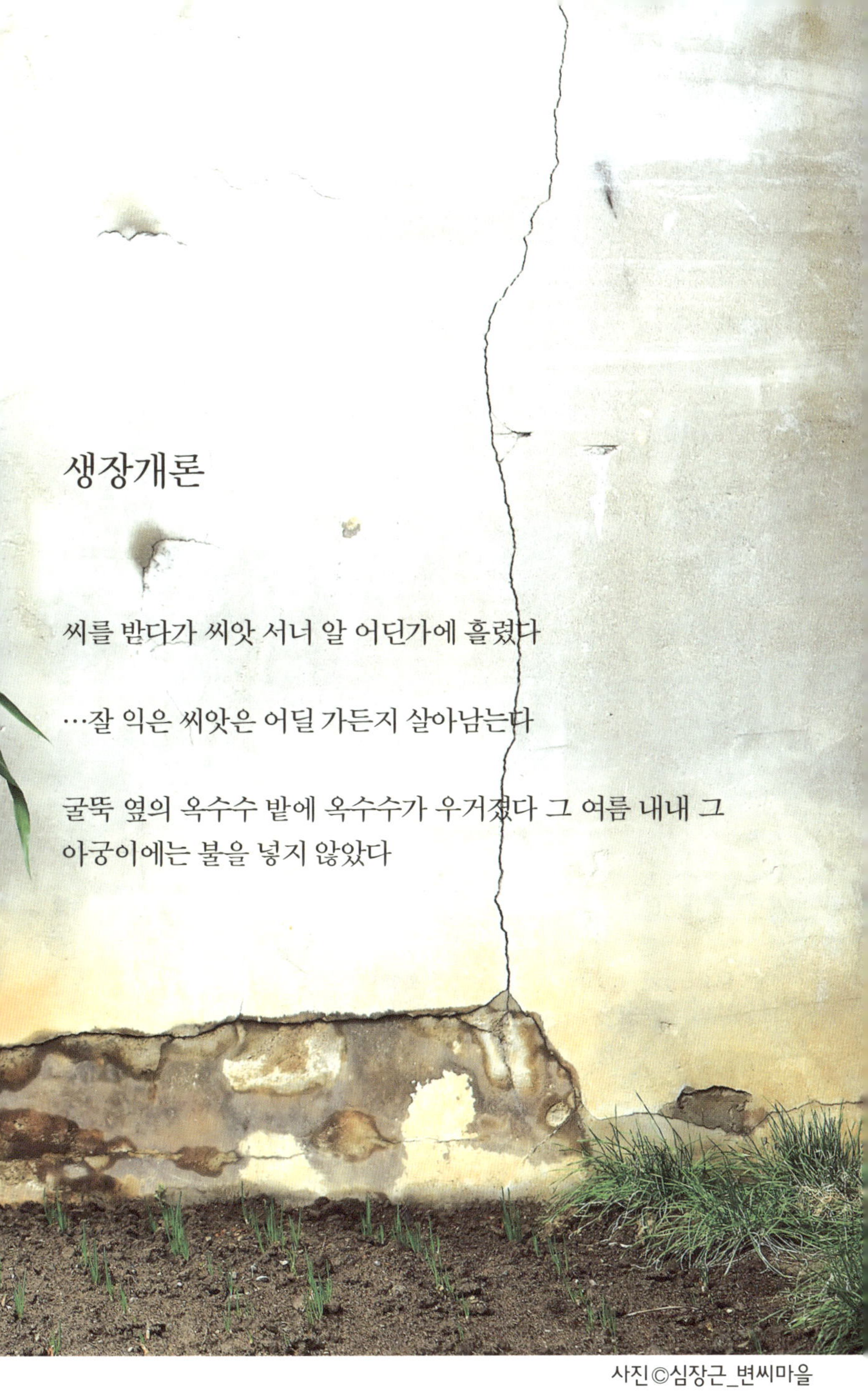

생장개론

씨를 받다가 씨앗 서너 알 어딘가에 흘렸다

…잘 익은 씨앗은 어딜 가든지 살아남는다

굴뚝 옆의 옥수수 밭에 옥수수가 우거졌다 그 여름 내내 그 아궁이에는 불을 넣지 않았다

사진©심장근_변씨마을

사진©심장근_변씨마을

오늘

그러므로 무너지는 것은 그 무게를 땅에 내려놓을 때
그의 근처 어딘가에 있던 싹을 저 있던 자리에 끌어다
놓는구나

내가 있던 자리에는
무엇이 와서 나를 기억하게 할까?

햇빛 속에서

오늘 아침 마을에는 봄 안개가 다녀가면서
골목길 좁은 곳에도 봄꽃 하나 놓고 갔다

작은 꽃 하나를 위하여
마을 하나가 밝다!

사진©심장근_굴다리마을

무너지지 않는 이유

꽃집 맞은편에 오래된 빈 집이 있다
누군가 안에 살고 있을 때는 밖의 벽도 빛이 났지

날마다 부스러지는 벽에서
-어서 이리 들어와, 어서 들어와
날마다 땅속으로 벽을 끌어들이는 담쟁이의 부드러운 덩굴손

오래된 그 집보다 더 오래된 꽃집 벽은 단단하다
여전히 사람이 살고 있으니

사진©심장근_변씨마을

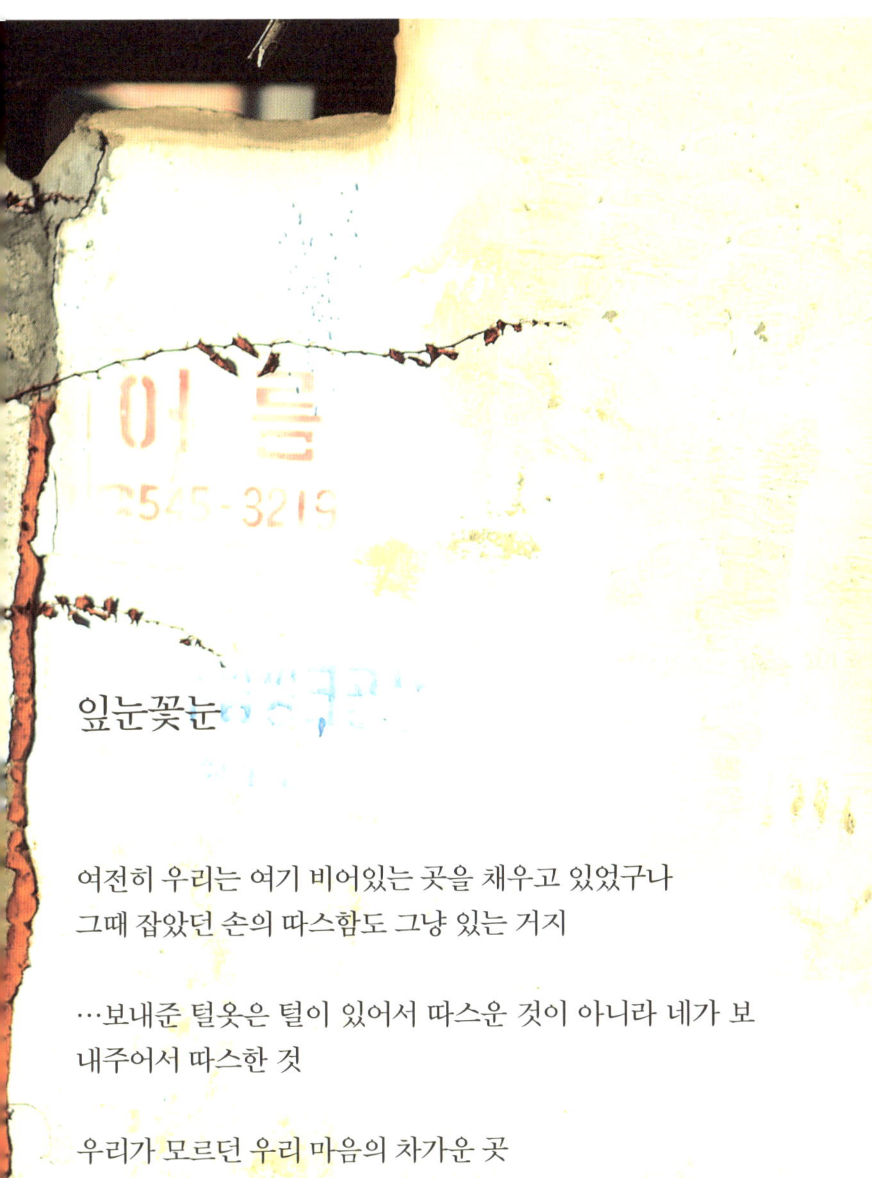

잎눈꽃눈

여전히 우리는 여기 비어있는 곳을 채우고 있었구나
그때 잡았던 손의 따스함도 그냥 있는 거지

…보내준 털옷은 털이 있어서 따스운 것이 아니라 네가 보
내주어서 따스한 것

우리가 모르던 우리 마음의 차가운 곳
그곳도 함께 따뜻해지기를

사진©심장근_변씨마을

사연

…호박잎을 밥솥에 넣어 익혀서 강된장을 넣고 뜨거운 밥을 싸서 밥을 먹는 저녁에 문득 앞집의 담장이 '저쪽'으로 쿵하고 넘어갔다 그 담장의 '이쪽'에 있던 호박잎 몇 장의 무게가 없어졌기 때문은 아닐까?

사진©심장근_변씨마을

봄밤

지금 오던 그 길로 그대로 오세요
수많은 모퉁이가 있는 동네 작은 화단까지 오면
거기 이른 봄날 개소시랑개비꽃은 피고 달빛도 환합니다
달빛도 애기똥풀꽃도 그 곳에서 밤을 지냅니다
달빛 되어 가로세로 서로 베고 누워 꿈을 꾸는 골목 안 식
구들

사진_골목길 소묘 2017-01©최민옥_부산

그의 여유

살랑살랑 불어오는 가을바람
웬일인지 미장원에 다녀 온 그의 예쁜 머리

오랜만에 머리도 했는데 밥 먹으러 나가요, 우리
목화반점 짜장면이 맛있는데

그의 머리에 잘 어울리는 모자를 내밀었다
…괜찮아요, 조금 흐트러져야 완성되는 머리!

사진_골목길 소묘 2017-02©최민옥_부산

연가

바람좋은 날 빨랫줄에 수건을 말립니다
그를 닮은 햇살과 바람이 수건에 스며듭니다

…갑상선 수술을 하고 난 후 건강히 잘 있느냐는 그의 메시지에, 찬 바람이 목에 와 감기는 이 이른 가을 날 건강히 잘 지내는 건지 그 답을 찾아보고 있노라면

그렇게 햇살에 잘 마른 수건 한 장이
내 얼굴에 따스한 그의 얼굴이 되어 다시 와 닿습니다!

사진_골목길 소묘 2017-02©최민옥_부산

다시 연가

창문 아래에 라일락 한 그루의 수백만 송이 꽃을 두고 그대를 기다립니다 사과나무 의자도 여전히 그 자리에 둡니다 어느 꽃 하나 똑 따서, 누구인가 오래오래 함께 앉아있던 의자, 온기 아직 남아있는 의자에 올라서서 그대 마음 담아 두드리소서

된장찌개 뜨거운 밥 한 그릇 창문 등지고 앉아 맛있게 먹고 있어도
꽃으로 창문 두드리는 소리 설마 못 들을래나!

사진©심장근_인천차이나타운

2부

표시

사진©심장근_외암마을

표시

자물쇠를 걸 때는, 열쇠가 없을 때 무엇으로 여는지 알 수 있도록 문의 어느 곳엔가 표시를 해둔다 저 집 자물쇠를 여는 번호는 3,4,4,3이다 꽃의 수로 여는 번호 표시를 하는 저 집 안마당에는 꽃이 가득 있을 것이다 뒷곁의 배향초 향기를 알고 석 점 또는 넉 점 검은 무늬 호랑나비는 저쪽 담을 넘어 드나들고 있겠지!

사진©심장근_외암마을

문 앞에서

저물녘까지 고추밭에서 일하다가 엄니는 마른 고춧대 하나
꺾어왔다 꺾은 것을 버리지 않고 왜 집에까지 가지고 왔는
지 그 때는 알 수 없었다 대문 안에 들어서면서 대문 옆에
던져두었다 그때도 왜 그랬는지 알 수 없었다

다시 고추밭에 가면서
문의 자물쇠 꽂는 곳에 마른 고춧대 하나 꽂는다
…나, 지금 고추밭에서 일하고 있다!

사진©심장근_외암마을

너의 마음도

문은
조금 열려 있을 때 더 들여다보고 싶다

통로 찾기

안으로 들어가는 너의 통로가 여기 있었구나

초롱꽃, 물망초, 작약, 한 여름에는 달리아와 맨드라미, 채송화
저기 덩굴장미 덤불 안에 새끼 낳은 고양이도 들어가는 그 통로

열린다, 열리기로 한 그 시각과 그 앞에 선 너의 시각의 일치…

사진©심장근_외암마을

쪽지

그 산에 봄꽃이 있다고 한다
얼레지와 현호색과 낯익은 양지꽃도 있고
금괭이꽃도 금빛으로 빛나고 있다고 한다
…잠시 다녀오마!

사진©심장근_외암마을

사진©심장근_외암마을

새 살

오늘은 안개가 문을 밀고 안으로 들어옵니다

어제 저녁 달구경하며 밟은 달맞이꽃 부러진 것이 있는 모양입니다 부러진 꽃대의 허리 근처를 안개는 흰 붕대처럼 한 바퀴 감아 주고 나가겠지요

…보고 있는 동안, 언제인가 다친 내 무릎에도 새살이 나오려는지 근질근질합니다

이유

먼 바다를 무사히 배는 건너왔네
먼 바다까지 배와 이어져 있던 끈 하나의 출발은 어디일까?

…그 집 문의 작은 손잡이였어!

아침저녁 잡아보며 그곳에 함께 남기는
식구들 온기의 그 힘으로 제자리를 찾는 배들의 귀항

사진©심장근_오천항

빚을 지다

꿈꿀 시간이다

오늘도 저 연두 잎에게 빚을 좀 져야겠다

사진©심장근_개심사

하지

드디어 오늘 그가 왔다 꼭 일 년 걸려서, 그것도 낮이 가장 긴 날 오후 세시 쯤에서야 도착한 걸 보면 참 먼 곳에 그는 있다

…담장에 호박꽃이 피고
호박꽃 중심에 딱 맞추어 일 년만에 와 닿은 저 미루나무 긴 그림자!

사진©심장근_러시아

별똥별

어디에 너는 있는지 나는 알지
보이지는 않지만
저기 수많은 별의 눈짓으로 끊임없이 보내오는
너 거기 있음의 신호
들판 하나 펼쳐놓고 기다리는
나 여기 있음의 신호

사진©심장근_러시아

사진©심장근_러시아

어떤 꽃이 오고 있는지

꽃에게 가는 사람은
꽃의 아홉 발자국 앞에서부터 꽃이 되어야 한다
…꽃도 너를 꽃으로 맞이할 시간을 주어야 한다

나에게 사람이 오고 있으면
아흔 아홉 발자국 앞에서부터 꽃이 오고 있다고 믿어야 한다
…어떤 꽃이 오고 있는지 궁금해 하면서

봉인을 해제하다 · 1

페이스북 친구 김영아 화백의 꽃그림은 깊은 숲이다 내가 가지 못한 원시의 숲이 거기 있다 부엉이도 마주보고 울면서 시원의 어둠을 일러주고 별도 별끼리 부딪치며 더 빛난다 꽃 위에 꽃은 차곡차곡 쌓여서 꽃잎끼리 서로 눌릴 때 향기는 그 때 나오는 거라는 걸 보여준다

그의 숲을 한참 들여다본다
오래된 동굴의 금방 완성시킨 벽화 앞에 나는 서 있다

사진©심장근_러시아

3부

꽃길

좋음

짧은 밤에도 어쩌자고 꽃은 빈틈없이 피는지
꽃은 피어서 내 하루를 꽃길로 만드는지

기회가 될 때
꽃밥 한 번 꼭 같이 먹어요!

사진_골목길 소묘 2015-01©최민옥_스페인

화가 K

오전에 꽃줄기 하나 그려지고
점심 먹고 와보니 꽃이 피어 있었다

얼굴에 노랑 페인트, 팔뚝에 파랑 페인트, 무릎에 연두 페인트, 웃을 때 더 희게 빛나는 넓적한 앞니의 햇살 페인트…

골목 입구 국수집에서, 늦은 점심으로
그는 맛있게 국수 한 그릇 먹고 있었다

사진_골목길 소묘 2017-04©최민옥_부산

꽃길

어둡고 좁은 골목길을 가는 동안에도 그곳에는 노란 괭이꽃이 있어서 나는 꽃길에 산다 가파른 계단을 올라가는 동안에도 작은 화분에 수국꽃이나 수국꽃이 진 빈 화분에 제비꽃이 피어 있어서 나는 꽃길에 산다 잠시 꽃이 보이지 않을 때, 그대 생각하면 나는 영락없이 꽃길에 산다!

사진_골목길 소묘 2015-02©최민옥_스페인

여러 날 중에서

아침에 처음 날개를 편 제라늄 어여쁘다
그 중 환하게 꽃피우기 위해
여러 날 중에서 고르고 고른 오늘!

사진_골목길 소묘 2015-03©최민옥_스페인

낙서, 또는 낙서 지우기

그 곳에 다녀간 표시 하나
흰 벽에 남겨놓았다

누군가 읽은 표시로
새 색으로 한 겹 칠하는구나, 우리의 봄날

사진_골목길 소묘 2015-04©최민옥_스페인

휴가

메시지는 여전히 수신한다는 메시지를 남기고 기차표 한 장 끊었다

밥은 햇반을 먹어도 되지 누군가 뜨거운 물 한 그릇쯤은 기꺼이 줄 테니까 반찬은 김 몇 장과 멸치 몇 마리면 돼 스틱커피 믹스도 몇 개 넣어야지 이를 위해서 또한 누군가 뜨거운 물 한 컵쯤은 줄 테니까…

기차표를 사고서야 내가 살고 있는 여기가 어디인지 알았다

사진_골목길 소묘 2015-05©최민옥_스페인

사진_골목길 소묘 2016-01©최민옥_독일

문을 내다

문 하나를 냈다
맞은편에
비로소 집 한 채가 함께 거기 있다

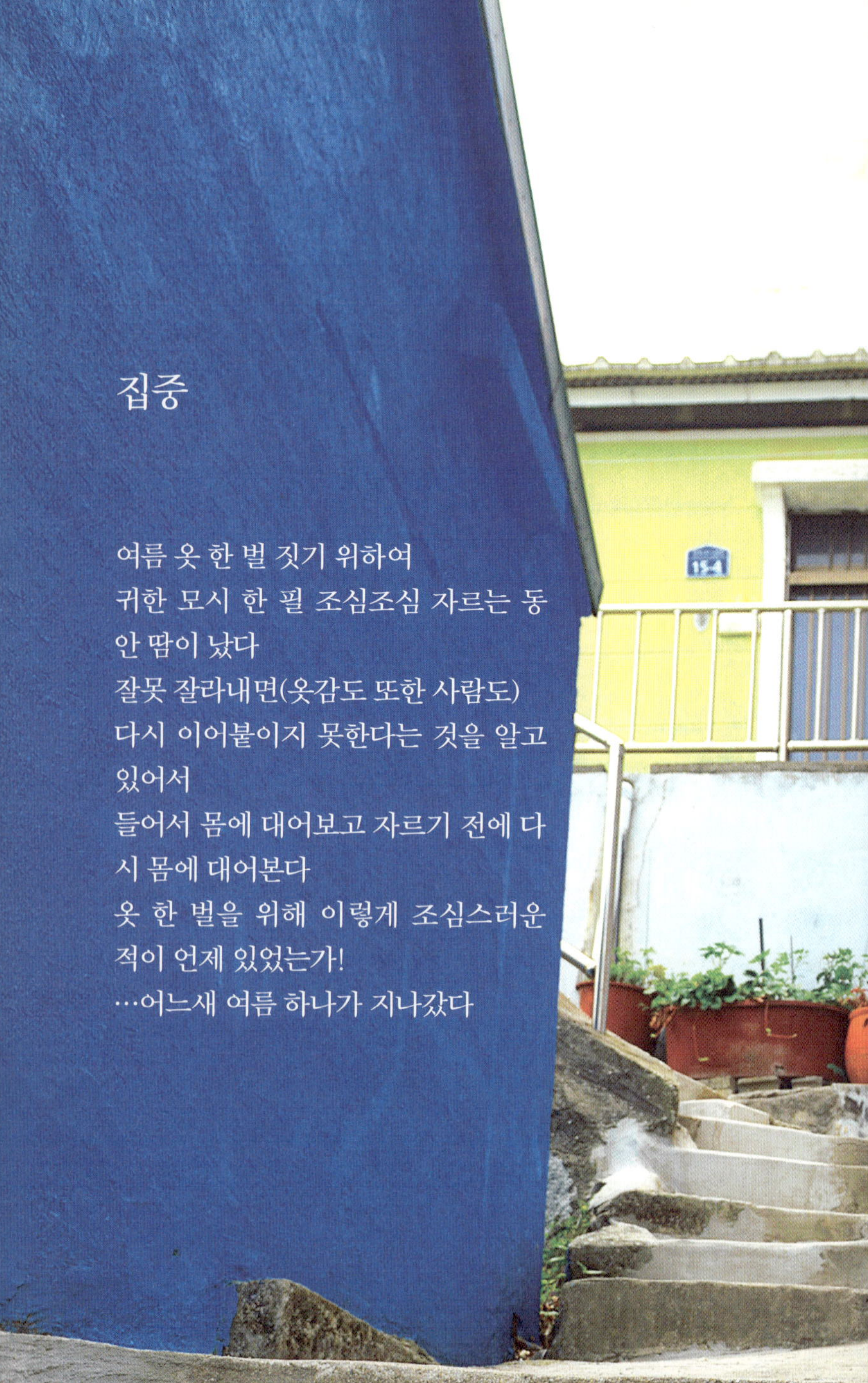

집중

여름 옷 한 벌 짓기 위하여
귀한 모시 한 필 조심조심 자르는 동
안 땀이 났다
잘못 잘라내면(옷감도 또한 사람도)
다시 이어붙이지 못한다는 것을 알고
있어서
들어서 몸에 대어보고 자르기 전에 다
시 몸에 대어본다
옷 한 벌을 위해 이렇게 조심스러운
적이 언제 있었는가!
…어느새 여름 하나가 지나갔다

사진_골목길 소묘 2017-05©최민옥_부산

발견

물감을 벽에 칠하고 나서야
그 옆의 다른 물감이 또 보였다

현지는 파란색을 좋아하고 연희는 노란색을 좋아하고 준이는 빨강색을 좋아하고 옥이는 포도주 색을 좋아하고 지수는 초록색을 좋아하고 은희는 연두색을 좋아하고 영주는 코발트 색을 좋아하고 애리는 베이지색을 좋아하고 옥영이는 흰색을 좋아하고 광희는 회색을 좋아하고 재원이는 하늘색을 좋아하고 종환이는 보라색을 좋아하고 은복이는 은색을 좋아하고…

물감과 1대 다수 대응의 벽은 행복하다!

사진_골목길 소묘 2017-0©최민옥_부산

동행은 기쁘다

그날 아침, 어느 길로 갈 것인지 나는 망설이지 않았다
다른 길이 또 있었다고 지금도 나는 믿지 않는다
내 몫의 작은 화분에서는 내가 기다려온 꽃이 솟아나오고
반드시 햇빛은 내 좁은 길도 찾아와 길을 열었다
그들과의 동행은 기쁘다

어둠이 하루의 창문을 닫기도 하지만
오늘 저녁은 여전히, 오늘분의 꿈을 그와 함께 꿀 시간이다

사진_골목길 소묘 2016-02©최민옥_독일

봉인을 해제하다 · 2

페이스북 친구 이준선 화백은 집 앞에 불암산을 한 채 들여
놓고 산다 산속 어딘가에 얼룩무늬 호랑이를 놓아기르고
꼬리 탐스러운 동화 속의 그 다람쥐도 따뜻한 그의 어깨에
기른다 정조의 화성행궁 장면을 보면 수백만 명 조선시대
백성들 얼굴도 다 기억하는,

그를 위해 자리를 마련해놓고 그를 기다린다
시원한 콩국수와 오이냉채 한 그릇으로도 넉넉한 저녁…

사진_골목길 소묘 2015-06©최민옥_스페인

길을 가며

꿈은 잘 때만 꾸는 거 아니었네
꽃 앞에 서 있을 때
누구와 마주보며 커피를 마실 때
문자를 보내며 길을 갈 때
잠시 가족이 아팠을 때도 꿈은 꾸었던 거지
이루기 위한 것도 꿈이었지만
이룬 것에 대한 안심도 꿈이었어
…지금 행복하지?

사진_골목길 소묘 2016-03©최민옥_독일

CALLE
LOS-CAÑOS
MIJAS
ANDALUCIA PIEL
BAR RESTAURANTE EL MAURO

일상

가랑비도 아무 데나 내리지 않고
내리는 데가 따로 있지
내 머리, 그의 눈, 너의 얼굴에도 내려서
낯익은 노래되어 하루 종일 스며든다
그러고 보니 강아지 이름도 아무 거나 짓지 않는군
막둥이, 소중이, 행복이…

사진_골목길 소묘 2015-07©최민옥_스페인

사진_골목길 소묘 2015-08©최민옥_스페인

파란 하늘

그 자리에 심으려고 했던 것이 아닌데
풀씨 한 알 날마다 다니던 도로 한 모퉁이에서 살아났다

맛있는 풀씨를 놓친 새들도 놓침을 노래하는 녹지…

아침 오는 소리가 세상에 가득하다
어딘가에 잠자고 있는 씨앗 하나 또 깨우는 모양

사진_골목길 소묘 2017-06©최민옥_부산

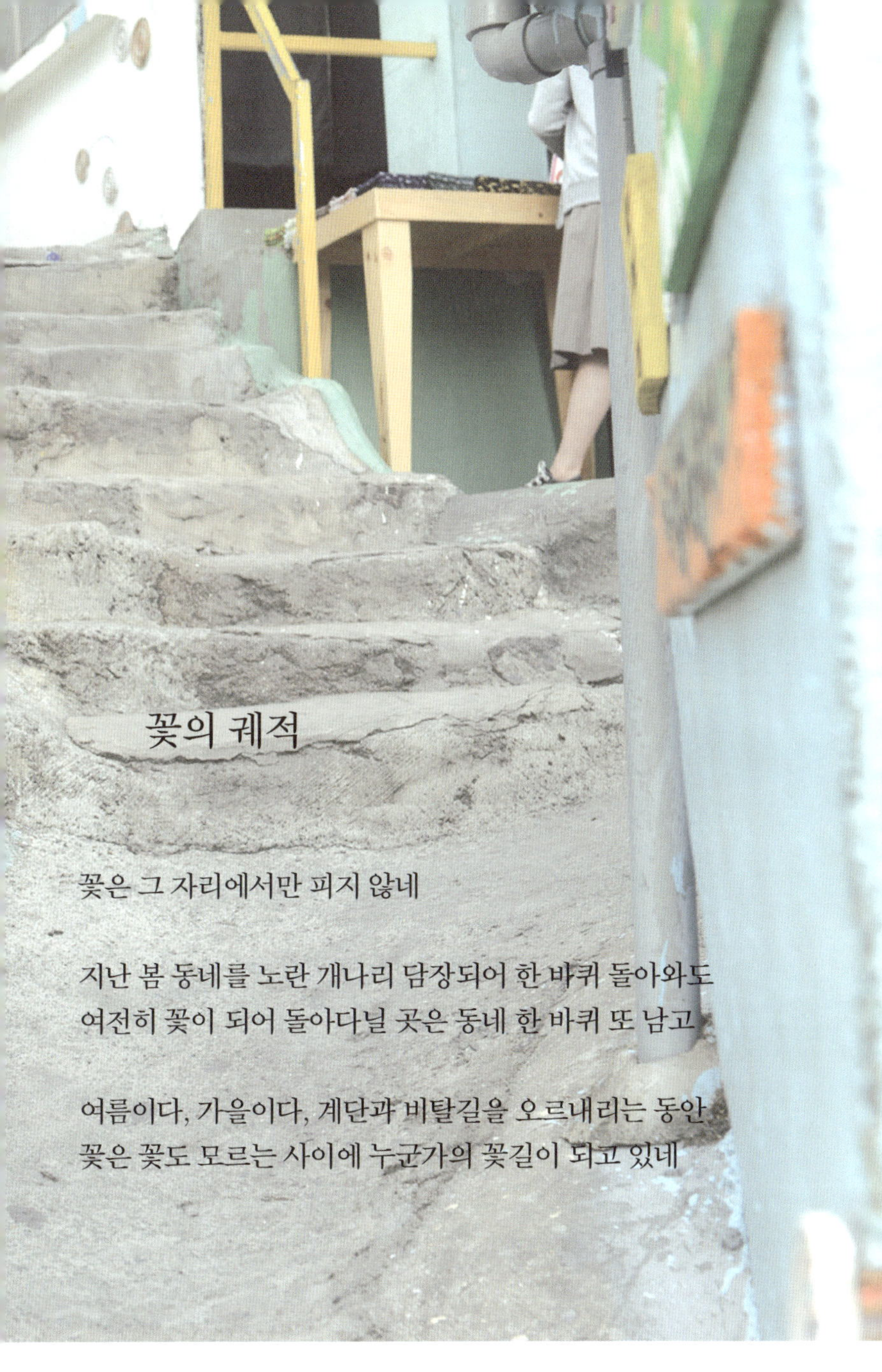

꽃의 궤적

꽃은 그 자리에서만 피지 않네

지난 봄 동네를 노란 개나리 담장되어 한 바퀴 돌아와도
여전히 꽃이 되어 돌아다닐 곳은 동네 한 바퀴 또 남고

여름이다, 가을이다, 계단과 비탈길을 오르내리는 동안
꽃은 꽃도 모르는 사이에 누군가의 꽃길이 되고 있네

4부

빛, 인연

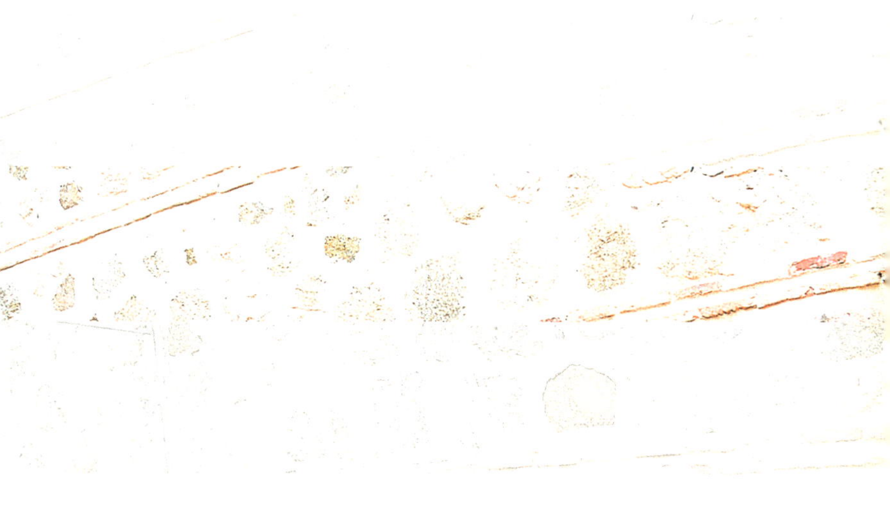

마주봄

다음에 우리가 다시 태어나면
마주보아도 알아보지 못하는 게 좋을 거다

형님이 죽으면 동생은 여전히 예쁜 형수와 함께 산다는 먼 나라 그들의 아름다운 이야기를 그대로 인정해서 다시 그들이 한자리에 모였을 때 누구의 아내가 될지 막막한 그녀를 위해 우리 다시 태어나면 알아보지 못하는 게 좋은 거야 그러는 그게 좋은 거야

그래서일까? 여기에서 처음 시작할 때
두근두근두근, 우리 이랬었지
…그 두근거림을 잊지 못하지!

사진_골목길 소묘 2015-09©최민옥_스페인

장마

화분에 올려놓은 살구 씨가 슬그머니 돌아누웠다
안에서 씨눈이 근질근질한가보다
오늘 중부 지방은 호우주의보, 비의 절정
어제 빨아서 잘 말려놓은 운동화에
비는 들이치리라 괜찮다 괜찮다 괜찮다…
돌아눕는 살구 씨 옆의 자두 씨도 돌아눕는 날
잘 다니고 있겠지, 지중해 좋은 햇살 속 그의 여정

사진_골목길 소묘 2015-10©최민옥_스페인

왔다 가신

햇빛 속 골목길에
누군가 오십니다

문 열고 내다보면
왔다 가신
빈자리

사진_골목길 소묘 2015-11©최민옥_스페인

봉인을 해제하다 · 3

페이스북 친구 류인선 화백은 밝은 햇살 속에서 지금도 어딘가 가고 있다 마을에 잠시 머물렀다가 마을 밖으로 나가는 봄의 뒤를 따라가고 있는 것이 분명하다 복숭아꽃 핀 마을을 만나면 거기 연분홍 복숭아꽃이 되고 바다를 하나 건너면 거기 독도의 돌 한 무더기가 되기도 하고 맑은 소백산 달빛 속에서 은하수를 만나면 여전히 고운 할머니 깨워 어두운 뒷간에도 앉아서 흥얼흥얼 노래도 하고…

지금도 길가에 앉아서
마른 냉이 줄기에 몇 개의 하트가 달려 있는지 세고 있을
누이

사진_골목길 소묘 2015-12©최민옥_스페인

오늘의 타법

오늘의 내 타법은 밀어치기보다는
끌어치기로 갈 것이니

끌면 짐짓 끌려오라
너의 쿠션되어 내 모든 것을 내어줄 것이다

네가 이겼다, 짜장면과 볶음밥은 내가 낸다
…오늘도 너와 함께 꿈꾸기에 좋은 날!

사진_골목길 소묘 2015-13©최민옥_스페인

꽃이 피다

이 하나의 통증은 부분이지만 전체를 지배한다 치과 문 닫을 시간을 보며 부지런히 왔지만 사거리에서 신호등에 다시 멈추었다 파킹 레버를 당겨놓고 창밖을 둘러본다 마침 여름 꽃이 도로 옆에 가득 피어있고 길을 건너기 위해 몇 사람이 기다리고 있다 그 중의 그녀는 녹색 신호등을, 꽃을 보며 기다리는구나

예쁜 속옷 내보이며 스마트폰으로 그는 꽃을 찍는다
찍고 싶은 것마저 찍고 5초 앞에서 길을 건너는 동안에도
조금 전 찍은 꽃을 들여다보며 길을 건너는
신호등 이쪽저쪽 그 짧은 우리들 멈춤과 움직임…

사진_골목길 소묘 2015-14©최민옥_스페인

사진_골목길 소묘 2015-15©최민옥_스페인

바람의 말

잘 있는 거지?
오랫동안 소식 못 전했지만 너를 잊은 것이 아니라는 걸 이렇게 소식 전하는 네 전화번호를 기억한다는 것으로 알 수 있겠지?

그러고 보니 결국 내가 한 말이 생각나네

오랫동안 소식 없이 네가 내 전화번호를 기억한다고 해서 나를 잊지 않은 것이라고 볼 수 없다고 한 내 말…

퇴근길에

벽과 벽 사이 숨어있는 수많은 길
길과 길 사이 또 숨어있는 수많은 벽의 하루가 지나고

빵을 산다 달달한 것 먹으며 지난 여름의 무더위를 잘 이겨
온 우리끼리의 저녁을 축복하기 위해 포도주도 한 병 산다
수많은 날 중의 오늘 하루가 맛있는 빵과 포도주였다는 것
을 신용카드 전표에 나는 기록해 둔다

앞서 가며 좌회전과 우회전의 분명한 신호로
깜빡깜빡 밝은 한 점으로 빛나는 그대도 있군!

사진_골목길 소묘 2015-16©최민옥_스페인

사랑가

공세리 성당 붉은 배롱나무 위 하늘이
우리나라 하늘 중에서 제일 파랗다

네가 내 옆에 있을 때 그렇다!

사진_골목길 소묘 2015-17©최민옥_스페인

자전거 타는 방법

한낮동안 누군가 앉아있던 자전거에
이제 내가 올라앉아서 노을을 맞으러 갑니다

콩나물 밥을 한다고 합니다 양념 간장을 만들고 참기름도
몇 방울 넣어서 오늘 저녁을 깨소금 맛나게 만들어 준다고
합니다 길 건너 마트까지 걸어가도 되지만 앞집 자전거를
잠깐 빌어 타고 갑니다 자전거가 보이지 않으면 내가 타고
간 걸 앞집의 베트남 새댁은 알고 있습니다

가자, 오늘의 지친 저녁노을아 내 허리 꽉 잡고
내리막길 두려울 땐 함께 소리 지르는 겁니다

사진_골목길 소묘 2015-18©최민옥_스페인

구절초에게

풀벌레도 숨 막히는 일이 있어야
가을을 온전히 맞을 수 있다

개망초 흰 꽃도 자세히 보면 꽃잎 하나하나 모두 갖추고 있네 많으니까 어느 누가 대표가 되어 갖춘꽃이 되고 어느 누군 못갖춘꽃이 되는 거 아니었어 되풀이되는 가뭄과 숨 막히는 더위가 왜 그리도 오래 필요했는지 이제 알겠어

가을이 온다 숨이 막히게
여전히 고운 네가 있어서!

사진_골목길 소묘 2015-19©최민옥_스페인

RESTAURANTE
DOÑA ELVIRA

겨울 날

햇볕이 잘 드는 곳보다
WiFi 잘 터지는 곳이 더 따뜻하다

사진_골목길 소묘 2015-20©최민옥_스페인

뒷모습

딸기 밭에 흰 나비 날아드는 것뿐이었는데
푸른 줄기 사이사이 붉은 딸기 놓고 갔다

해 뜨고 나서 오 분 후
딸기는 완전히 익었다

딸기 하나 익히기 위해 해는 그곳에 왔던 거다

사진_골목길 소묘 2015-21©최민옥_스페인

6월

덩굴장미는 드디어 꽃을 달고
가시를 감춥니다

가시가 꽃을 얻은 것이지요!
그래도 덩굴장미 꽃담을 함부로 넘지 마세요

사진_골목길 소묘 2015-22©최민옥_스페인

꽃아

바람이 부는 동안 너는 여기까지 오고
그렇게 흔들릴 때 너는 향기롭다

사진_골목길 소묘 2015-23©최민옥_스페인

봉인을 해제하다 · 4

페이스북 친구 정은수 화백은 딱 백 개의 물감을 가지고 있다 남들은 삼원색을 말하지만 그가 가진 백 개의 색은 모두 원색이다 청마를 그리면 세상은 모두 청마의 풀밭이 되고 빨간 치마의 소녀를 그리면 세상의 빨간 꽃들은 숨어서 핀다 색에 대한 사랑, 원색이 있어서 그가 칠하는 것이 아니라 그가 칠한 색은 모두 원색이 되는 거다

아이 하나 문방구 앞 긴 의자에서 색종이로 꽃을 접고 있다 혹시 그가 아닐까?

사진_골목길 소묘 2015-24©최민옥_스페인

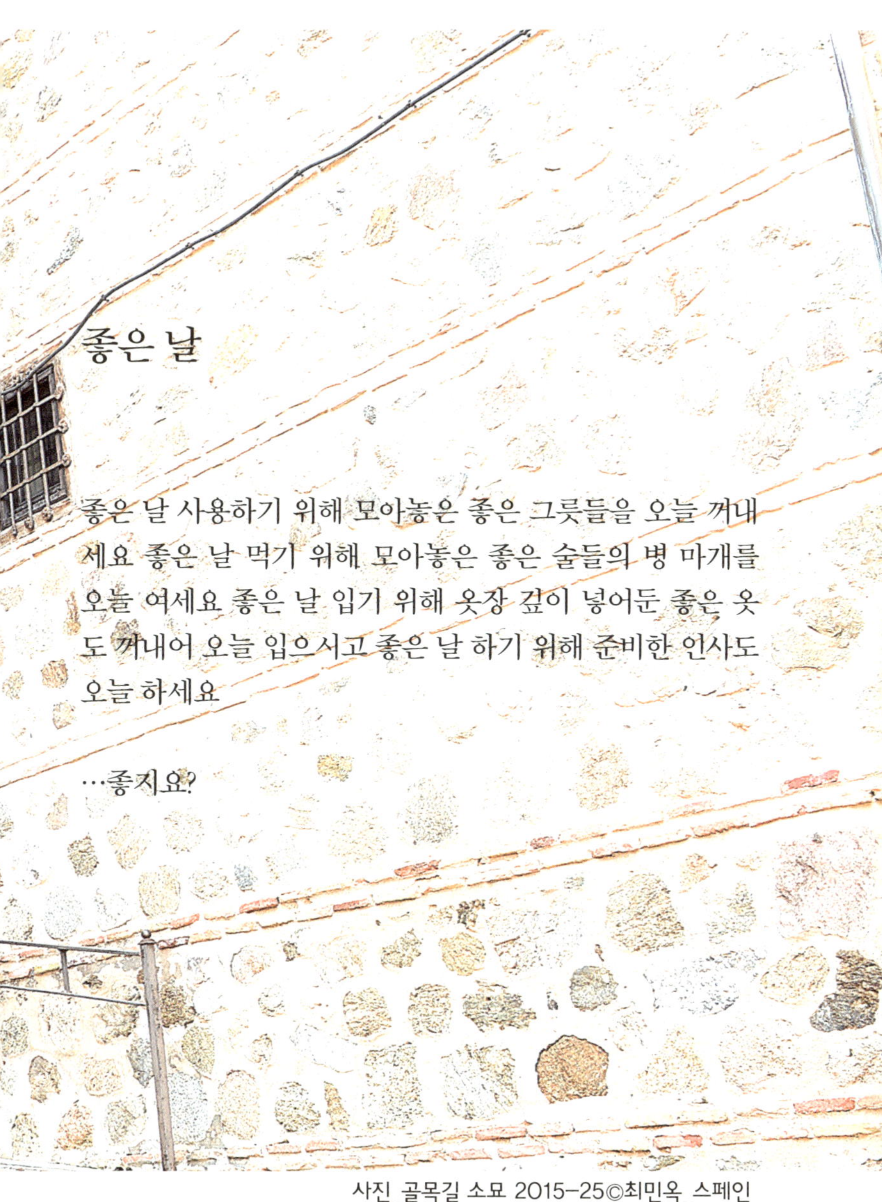

좋은 날

좋은 날 사용하기 위해 모아놓은 좋은 그릇들을 오늘 꺼내세요 좋은 날 먹기 위해 모아놓은 좋은 술들의 병 마개를 오늘 여세요 좋은 날 입기 위해 옷장 깊이 넣어둔 좋은 옷도 꺼내어 오늘 입으시고 좋은 날 하기 위해 준비한 인사도 오늘 하세요

…좋지요?

사진_골목길 소묘 2015-25©최민옥_스페인

심장근 시집

인연

발 행 일 | 1쇄 2017년 9월 15일
2쇄 2018년 10월 23일
지 은 이 | 심장근
발 행 인 | 李憲錫
발 행 처 | 오늘의문학사
출판등록 | 제55호(1993년 6월 23일)
주 소 | 대전광역시 동구 대전로867번길 52(한밭오피스텔 401호)
전화번호 | (042)624-2980
팩시밀리 | (042)628-2983
홈페이지 | http://www.lito77.co.kr(홈페이지)
전자우편 | hs2980@hanmail.net

공 급 처 | 한국출판협동조합
주문전화 | (070)7119-1752
팩시밀리 | (031)944-8234~6

ISBN 978-89-5669-848-9
값 12,000원

* 이 책은 충청남도와 충남문화재단에서 지원금을 지원받아 발간되었습니다.